CRÍAS DE ANIMALES

AUSTRALIA

© del texto: Tándem Seceda, 2022

(Chema Heras, Isabel Pelayo, Pilar Martínez y Xulio Gutiérrez)

© de las ilustraciones: Ester García, 2022

© de esta edición: Kalandraka Editora, 2022

Rúa de Pastor Díaz, n.º 1, 4.º B · 36001 Pontevedra

Tel.: 986 860 276

editora@kalandraka.com

www.kalandraka.com

Faktoría K de libros es un sello editorial de Kalandraka

Impreso en Gráficas Anduriña, Poio

Primera edición: junio, 2022

ISBN: 978·84·19213·10·5

DL: PO 288·2022

TÁNDEM SECEDA   ESTER GARCÍA

CRÍAS DE ANIMALES
AUSTRALIA

¿Quién soy?

FAKTORÍA K DE LIBROS

Nací tan pequeño como un gusanito.

Enseguida me metí en el marsupio,

que es la bolsa que mi mamá tiene en la barriga, y empecé a mamar.

Ahora que ya he crecido, entro y salgo cuando quiero.

¿Quién soy?

Soy el canguro rojo.

Corremos mucho dando grandes brincos,

como si tuviéramos muelles en los pies.

También saltamos vallas muy altas.

Cuando nos peleamos, nos sentamos en la cola

y damos fuertes patadas.

¿Sabes qué comemos los canguros?

[Comemos hierba, hojas, raíces... y nos encantan las flores]

Parezco un oso pero no lo soy.

Como al nacer soy muy pequeño,

me meto en el marsupio de mi mamá y me quedo allí siete meses.

Luego, empiezo a salir y me agarro bien a ella para no caerme.

¿Quién soy?

Soy el koala.

Estamos siempre dormidos en lo alto de un eucalipto.

Solo despertamos para comer las hojas del árbol en que vivimos.

No bajamos al suelo ni para hacer caca.

Dicen que olemos fatal, ¿sabes por qué?

[Porque segregamos un líquido con un olor muy fuerte. Así marcamos nuestro árbol]

Soy muy cabezona

y parece que me río a carcajadas.

Al amanecer y al anochecer cantamos todas a coro

y el bosque se llena de risas.

¿Quién soy?

Soy la cucaburra.

Vivimos en familias, unas cerca de otras.

Las crías mayores ayudan a cuidar a las más pequeñas.

Cazamos insectos, roedores, pájaros, lagartos, iguanas

y sobre todo serpientes, aunque sean venenosas.

¿Sabes cómo hacemos para comer las serpientes grandes?

[Tiramos de los extremos entre varias cucaburras para romperlas en trozos]

Tengo el pico ancho como los patos,

la piel suave como los visones

y las patas palmeadas para nadar.

Aunque nací de un huevo, soy mamífero.

¿Quién soy?

Soy el ornitorrinco.

Buceamos muy bien,

pero no aguantamos mucho tiempo debajo del agua.

Recogemos plantas y capturamos

pequeños animales del fondo del río,

almacenamos todo en los mofletes

y nos lo comemos al volver a tierra.

¿Sabes cómo tomamos la leche los ornitorrincos bebés?

[**Lamiendo** la piel de la barriga de nuestra mamá]

Igual que el ornitorrinco, yo también nací de un huevo

y tomo la leche de la barriga de mi mamá.

Pero tengo espinas por el cuerpo

como el erizo y el puercoespín.

¿Quién soy?

Soy el equidna.

No tenemos dientes.

Comemos hormigas y termitas.

Para cazarlas, rompemos el hormiguero con las garras,

metemos el hocico dentro

y las atrapamos con nuestra lengua larga y pegajosa.

¿Sabes de qué color es la leche de mi mamá?

[La leche de las madres equidnas es rosa]

Cuando nací era diminuto como todos los marsupiales.

Ahora me paso el día en la madriguera con mis tres hermanos.

De noche salimos a jugar y a cazar.

Siempre estamos gruñendo y peleando.

¿Quién soy?

Soy el diablo de Tasmania.

Somos muy musculosos y agresivos.

Despedazamos nuestras presas a mordiscos,

trituramos sus huesos

y nos lo comemos todo: la carne, los dientes, el pelo...

¡Hasta las espinas de los equidnas!

¿Sabes qué nos pasa cuando estamos nerviosos?

[Que se nos ponen las orejas coloradas]

No soy un pájaro, pero puedo volar.

Soy un marsupial

y tengo los ojos enormes

para ver bien en la oscuridad.

¿Quién soy?

Soy el petauro del azúcar.

Planeamos de un árbol a otro, como un ala delta,

extendiendo una membrana

que tenemos entre las manos y los pies.

La cola nos sirve de timón

y nos ayuda a guardar el equilibrio.

¿Sabes por qué nos llaman petauro del azúcar?

[Porque nos gustan mucho los alimentos dulces, pero comemos de todo]

Los siete animales que has descubierto en este libro
viven en Australia y en algunas islas cercanas.

Australia es un continente aislado,
por eso en él habitan algunas de las especies más raras del planeta.
Allí puedes ver mamíferos que no maman y nacen de un huevo,
como el ornitorrinco y el equidna.
También te puedes encontrar con el canguro y otros marsupiales,
que nacen pequeños como un gusanito
y se meten en la bolsa de su mamá hasta que tienen edad para salir fuera.

Los humanos debemos cuidar y proteger los grandes bosques australianos
para que los animales que están en peligro, como el koala,
puedan seguir existiendo.